纵横码的苏州历程

《纵横码的苏州历程》编委会　著

苏州大学出版社
Soochow University Press

图书在版编目（CIP）数据

纵横码的苏州历程/《纵横码的苏州历程》编委会著.—苏州：苏州大学出版社，2020.10
ISBN 978-7-5672-3329-4

Ⅰ.①纵… Ⅱ.①纵… Ⅲ.①周忠继—生平事迹②汉字信息处理—应用—地方教育—教育史—苏州 Ⅳ.① K825.38 ② G527.533-39

中国版本图书馆 CIP 数据核字（2020）第 179432 号

纵横码的苏州历程

ZONGHENGMA DE SUZHOU LICHENG

《纵横码的苏州历程》编委会 著
责任编辑：苏 秦
助理编辑：杨宇笛

苏州大学出版社出版发行
（地址：苏州市十梓街 1 号 邮编：215006）
印装：苏州市越洋印刷有限公司
（地址：苏州市吴中区南官渡路 20 号 邮编：215104）

开本：850 mm×1 168 mm 1/32 印张：3.125 字数：49 千
2020 年 10 月第 1 版 2020 年 10 月第 1 次印刷
ISBN 978-7-5672-3329-4 定价：28.00 元

凡购本社图书发现印装错误，请与本社联系调换。服务热线：0512-67481020

《纵横码的苏州历程》编委会

顾　　问	王敏生	周治华	周炳秋	周向群
	王少东	盛家振	金　明	姚林荣
主　　任	葛晋德			
副 主 任	金国强	杨季文	庄荣辉	张柳岗
编　　委	钱　钧	周克兰	张玉华	孙运康
	李竹君	赵　旭	席　菁	章伟华
	丁军卫	郭小仪	傅小苏	梁　兵

岁月不居，时节如流。翻开这本书时，就会真真切切地意识到，从周忠继先生关心家乡的电脑教育和进行纵横码的研发推广至今，已过去了整整30年。30年很短，短到只是历史长河中的惊鸿一瞥。30年又很长，长到足以见证纵横码从开发到推广应用，不断更新和发展，逐步成为一种繁简并用、简单易学、个性化和智能化的汉字输入法。30年的深耕厚植，纵横码也拥有了越来越多的用户，仅江苏省学习和应用纵横码进行汉字输入的用户就多达数十万人。这是周先生的骄傲，也是苏州的骄傲！

历史不会忘记，30年来，伴随着纵横码的成长，在周忠继先生的大力资助下，20世纪90年代初，苏州便拥有了第一个电脑教学中心，在52所学校建立了55个电脑教室，拥有了1 356台电脑，为实现教育现代化提供了强大的动力。

历史不会忘记，周忠继先生对苏州教育和科技的贡献远不止于此，作为香港著名实业家、苏州市首批荣誉市民、苏州海外联谊会名誉会长，他从20世纪八九十年代开始，便与兄长周文轩先生一起以周氏基金的名义在苏州从事慈善公益活动。仅香港周氏基金在苏州设立的奖助学金、奖教金就超过8类，30年来，奖励和资助了数万名优秀的学生和教师。此外，周忠继先生高度重视教师和学生的思想品德建设，大力弘扬师生在人格道德方面的模范引领作用，专门在教育界设立了德育奖，奖励品德优异的教师和学生，直接助力"立德树人"的道德建设，可谓高瞻远瞩。

历史同样不会忘记，周忠继及其兄长周文轩先生，还是改革开放以来第一批来苏投资的香港同胞。90年代初，由他们直接牵头、投资的企业就有10余家，为苏州的改革开放和经济发展做出了重大贡献。不仅如此，他还积极对外宣传苏州的经济社会发展情况及投资环境，并多次率领知名企业家、金融家来苏州访问和投资考察，为苏州对外开放格局的形成和开放型经济的滚动式发展做出了卓越贡献。

所以，纵横码只是一段缩影，是周忠继先生情系桑梓、苏港情深的一段精彩华章。30年砥砺开拓，他惊艳了时光；30年回望故里，他温柔了岁月。感谢30年来，在这背后接续奋斗和无私付出的所有人。

再次祝纵横码永葆青春，祝我们的友谊天长地久。

苏州海外联谊会
2020年5月

前言

这是一份纪实资料,也是一段难忘的历史写真。本书以苏州电脑教学基金会的成立和发展为主要线索,记的是旅港苏州同胞、香港南联实业有限公司主席、香港苏浙沪同乡会永远名誉会长、苏州大学纵横汉字信息技术研究所名誉所长、苏州电脑教学基金会名誉董事长周忠继先生,从1991年起,30年来一以贯之地关怀和支持苏州教育事业的事迹。

周忠继先生,不仅帮助苏州的各类学校配备电脑,而且还把他研究发明的中文输入法——纵横汉字输入法(简称"纵横码"),交苏州大学进一步研究和开发,在苏州的各类学校推广。周忠继先生尽心尽力、无偿奉献的精神感人至深。

1984年周忠继先生开始研究纵横汉

字编码法，1989年纵横码标准版由香港人人书局有限公司正式出版。1993年纵横汉字输入法的第一个PC版本开发并发布，1994年第一个纵横汉字输入法系统软件在苏州大学通过国家鉴定，纵横码的科学性由此得到了该领域专家的认可。纵横汉字信息技术研究所于2001年和2002年分别申请了纵横码的相关国家专利，并于2004年获得国家发明专利证书，确认了周忠继先生关于纵横码的知识产权。

所谓纵横码是指用"0"到"9"十个数字符号，对电脑能够处理的汉字根据字形进行编码，从而以1至4个数字对所有汉字进行编码，而所有词组最多也只需6个数字即可编码。纵横码系列软件是电脑、手机等信息化设备上的重要软件，可帮助用户将汉字输入这些设备中。纵横码系列软件是与汉字文化认知相关的一系列信息应用软件。30多年前的纵横码采用数字来对汉字进行编码的构思与当今大数据的应用和移动互联网的普及珠联璧合。

电脑是信息时代必不可少的工具，纵横码及其软件技术，让古老的中文可以高效融入先进的时代。周忠继先生心系家乡的现代化建设，自20世纪90年代开始，就以多种方式助力苏州各类学校的电脑普及与信息化教育。改革开放之后，纵横码在苏州的历程，就是周忠继先生馈赠家乡、奉献社会的历程。

周忠继先生早在1991年，就建议建立苏州电脑教学基金会，并与苏州大学合作创办纵横汉字信息技术研究所，共同为苏州的52所中小学建立了55个实验室并为这些实验室配备了电脑共计1 356台。纵横码在全国的推广普及始于苏州。从培训到沙龙、从比赛到交流、从苏州到海内外，苏州电脑教学基金会组织和举办了与纵横码相关的许多个"首次"活动。为推广普及纵横码而举办的丰富多彩的活动成为弘扬中国文化、提高生产力的有效形式。凭借对纵横码的熟练运用，花样少年获得了五一劳动奖章，脑瘫儿童学会了自强自立，耄耋老人体会到"时光有味、岁月留声"。纵横码持续30年的研发、推广、支持和维护，创造了良好的社会效益。纵横码的苏州历程是造福社会的历程。

纵横汉字软件系统在苏州30多年的推广普及历程，汇聚了天南地北志同道合的纵横之友：上至矍铄老者，下至学语幼童；既有各行各业的佼佼者，也有自强不息的弱势人群，还有脚踏实地的芸芸众生……纵横码联结了社会的各个维度。纵横码的苏州历程是促进社会和谐的历程。

本书记录了纵横码科研、教学的情况，以图文并茂的形式，按时间顺序编排，以供大家共同回味纵横码在苏州所经历的美好、快乐、难忘的30年，激励我们更好地为发展苏州的教育事业，为实现"两个一百年"奋斗目标的中国梦而不懈努力。

本书在编写过程中得到了苏州市教育局和苏州海外联谊会的领导及相关部门的支持和帮助，谨在此深表谢意。

《纵横码的苏州历程》编委会
2020年5月

目录

❶ 依靠一个宽阔而坚实的平台 / 001

❷ 组成一个优秀而精干的团队 / 015

❸ 开展一系列丰富多彩的活动 / 034

❹ 取得丰硕傲人的阶段性成果 / 074

1 依靠一个宽阔而坚实的平台

纵横码在苏州推广应用的历程,从"苏州电脑教学基金会"成立算起,至今已有30年,从"苏州大学纵横汉字信息技术研究室"成立算起,则有28年。假设有人在刚参加工作时就参与了纵横码的科研推广工作,那么其人至今已快到退休的年龄。人生有几个30年?在这30年的岁月中,在学习推广纵横码的历程中,又经历了多少难忘的事?

我们可以用下面的四句话来概括纵横码在苏州推广应用这30年的历程:

第一句:依靠一个宽阔而坚实的平台;
第二句:组成一个优秀而精干的团队;
第三句:开展一系列丰富多彩的活动;
第四句:取得丰硕傲人的阶段性成果。

图1▲纵横码发明人周忠继先生

让纵横码得以在苏州推广应用的平台是香港苏浙沪同乡会永远名誉会长周忠继先生（图1）长期与苏州市人民政府、苏州海外联谊会、苏州大学和苏州市各界热心于此事业的人士，共同建立和维护的平台。三件大事奠定了其牢固的基础。

第一件大事：周忠继先生全力
支持苏州发展电脑教育。

1991年7月，周先生建议苏州市人民政府、苏州海外联谊会成立苏州电脑教学基金会，以发展电脑教育。同时，从香港派专人赶赴苏州，向当时的苏州市市长章新胜面呈信函。电脑教育在当时是一项先进的事业。（图2、图3）

图2▲郭次仪先生（左）向苏州市原市长章新胜（右）面呈信函

图3▲苏州市原市长章新胜（右）会见周忠继先生（左）

1991年8月下旬，苏港两地派员成立了苏州电脑教学基金会，由中共苏州市委统战部部长葛晋德先生任董事长，香港的郭次仪先生、苏州市侨联主席庄荣辉先生、苏州市教育局副局长张曾明先生任副董事长。周忠继先生和中共苏州市委副书记周治华先生任名誉董事长。从此苏州的电脑教育和后来展开的纵横码研究、推广就开始了不平凡的历程。
（图4、图5）

图4 ▲ 苏州电脑教学基金会成立仪式

图5 ▲ 中共苏州市委原副书记周治华（右）会见周忠继先生（左）

第二件大事：周忠继先生与苏州大学合作成立纵横汉字信息技术研究所。

1992年9月，周先生在访问苏州期间介绍了他发明的纵横汉字输入法，即纵横码，并希望在苏州对纵横码做进一步研究和开发。同年10月，苏州电脑教学基金会董事长葛晋德率基金会相关成员赴苏州大学与苏州大学副校长袁沧洲先生及科研处负责人商讨在苏州大学研发纵横码相关软件的可行性。同年11月22日，受周忠继先生邀请，郭次仪先生同葛晋德董事长、苏大分管科研的副校长沈雷洪先生、苏大计算机系的钱培德教授前往上海与周忠继先生共商合作研发纵横码软件事宜。参加此次讨论的还有苏州电脑教学基金会的副董事长庄荣辉、苏州市教育局副局长刘柏涛、苏州电脑教学基金会董事张柳岗等。在多方努力下，1993年6月27日，周忠继先生和苏州大学合作建立的纵横汉字信息技术研究室在苏州大学正式挂牌，后来进一步发展为纵横汉字信息技术研究所。在研究所的积极努力下，纵横码获得国家知识产权局颁发的专利证书。从此纵横汉字信息技术得到了长足的发展，科

研成果不断涌现，为纵横码在苏州和全国的推广应用提供了坚实的技术保障。（图6—图11）

图6 ▲ 纵横汉字信息技术研究室成立

图7 ▲ 纵横汉字信息技术研究所

图8▲周忠继先生（左）与钱培德所长（右）交谈

图9▲会议中的研究所成员

图10 ▲ 周文轩先生（左三）、周忠继先生（左四）与研究所主要人员合影

图11 ▲ 纵横码专利证书

第三件大事：周忠继先生率先捐资，与苏州市人民政府共同出资在苏州建立了一大批电脑教室。

1991年9月16日周忠继先生率先捐资在苏州中学建立苏州电脑教学中心，并配备了4个电脑教室，国内有关专家参观后，纷纷惊叹于其先进。此后，苏港两地共同努力，先后分8批在苏州52所学校内建成了电脑教室55个，共配备了电脑1 356台，惠及苏州市区及张家港市的大中小学和职业技术学校，为苏州的电脑教学奠定了雄厚的硬件基础，为推广纵横码创造了物质条件，使苏州的电脑教育超前了几年，促进了苏州教育现代化的发展。

苏州的纵横码推广，就是依靠这个坚实的平台，才能始终走在全省和全国的前列。（图12—图19）

苏州市人民政府
苏州市海外联谊会：

　　为了支持乡梓发展电脑教育事业，培育现代化建设人材，本人建议成立苏州电脑教育基金会，协助发展苏州市、县中小学电脑教育事业。

　　为此，我建议：由我本人率先捐赠港币壹百万元，并由贵市提供等值拨款，一起作为该电脑教育基金会的第一笔基金。

　　如蒙赞同，则有关该基金的运用细则，请与我的代表郭次仪先生洽商。　顺致

敬意

周忠继
一九九一年七月十五日

图12▶周忠继先生的捐赠书（图中的"苏州市海外联谊会"应作"苏州海外联谊会"）

图13▼周忠继先生（右三）与香港苏浙沪同乡会一行参加捐赠仪式

图14▲周忠继先生（右一）在母校苏州大儒中心小学

图15▲周忠继（右）、周尤玉珍（左）伉俪回家乡

图 16 ▲周忠继先生捐赠电脑室铭牌

图 17 ▲周忠继先生到母校电脑室参观

图18▲周忠继、周尤玉珍伉俪参观"玉珍"电脑室

图19▲苏州市教委（现教育局）主任顾敦荣（右三）陪同国家教委（现教育部）副主任柳斌（右一）参观景范中学电脑室

2 组成一个优秀而精干的团队

这个团队的组成包括：积极促进纵横码推广应用的中共苏州市委与市人民政府的相关部门、周忠继先生建议成立的苏州电脑教学基金会、各级学校领导、一批业务精湛且热心于电脑教学事业和纵横码推广应用的科研工作者与电脑教师。（图20—图23）

图20 ▲苏州电脑教学基金会第十九次董事会

图21 ▲苏州电脑教学基金会获市人民政府嘉奖

图22 ▲中共苏州市委原书记王敏生（右二）会见周忠继先生（右三）

图23 ▲周忠继先生（前排左二）与在苏州推广纵横码的老师合影

苏州电脑教学基金会自从成立以来，始终得到中共苏州市委、市人民政府的大力支持和关怀。中共苏州市委委派统战部部长葛晋德先生担任董事长，市侨联主席庄荣辉先生任副董事长。其间，苏州市教育局还委派了张曾明、刘柏涛、谷公胜、皇甫志新、张柳岗等人员先后兼任基金会副董事长。他们对待电脑教学基金会的工作一向兢兢业业：或参加董事会活动，一起商议工作；或组织输入比赛，推广纵横码；或组织有关学校校长、电脑教师召开会议，布置任务；或深入学校，具体指导纵横码的推广工作，并亲切看望在校师生。相关学校的支持配合，一大批热爱电脑教育、热心推广纵横码的教师的辛勤努力，确保了基金会工作的顺利开展。（图 24、图 25）

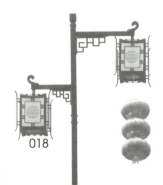

图 24 ▲ 董事长葛晋德（左一）、副董事长庄荣辉（左三）

图 25 ▲ 教育局原副局长兼副董事长皇甫志新

❷ 组成一个优秀而精干的团队

这些年来，苏州电脑教学基金会不懈地狠抓纵横码的推广应用工作，其中有不少值得回顾和赞赏的人和事。

葛晋德先生30年如一日，始终带领大家在推广应用纵横码的道路上一步一个脚印地踏实前进，砥砺前行。例如，搭建苏港两地感情联络的桥梁，创建电脑教室，推动筹建苏州大学纵横研究所，率先在苏州推广纵横研究所的研究成果，在苏州首次举办纵横汉字输入大奖赛，等等。葛晋德先生退休后，仍不辞辛劳带领大家继续学习开拓，开展了不少有意义的活动。他思维缜密，创意新颖，使这支队伍永葆青春，使纵横码在苏州的推广工作取得丰硕成果。（图26、图27）

图 26 ▲ 葛晋德先生（左）和周忠继先生（右）合影

图 27 ▲ 葛晋德先生看望参加纵横汉字输入大奖赛的选手

❷ 组成一个优秀而精干的团队

副董事长庄荣辉先生、张柳岗先生和秘书长孙运康先生也一直在纵横码的推广应用工作中身先士

图28▲副董事长庄荣辉先生（左）与周忠继先生（右）一同看望学生

图29▲副董事长张柳岗先生在纵横沙龙上发言

卒、勤勤恳恳、任劳任怨，在这个团队中起到了表率作用。（图28—图31）

图30▲苏州电脑教学基金会秘书长孙运康先生

图31▲（左起为）葛晋德、庄荣辉、张柳岗、孙运康

赵旭老师是学习推广纵横码工作的先行者，始终活跃在第一线。在职期间，其所任教的景范中学是首批推广纵横码的学校，培养了许多优秀学生。他还被周忠继先生和香港苏浙沪同乡会原会长徐国炯先生邀请去香港，指导香港学生学习纵横码，并受到好评。他是苏州推广纵横码和组织各项市级比赛、训练、培训的中坚力量，他退休后也始终热衷于此项工作，还在促进老年人学习纵横码方面做出了巨大贡献。（图32、图33）

图 32 ▲赵旭老师（左一）在老年大学纵横码学习班授课

图 33 ▲赵旭老师（后排左二）与香港沙田苏浙公学学生合影

李竹君老师最早是苏州市第十中学的电脑教师。该校也是苏州首批学习推广纵横码的学校，苏州市第二届纵横汉字输入比赛就在该校举行。1996年他调任至苏州市教育局教研室，担任计算机教研员，他在此岗位上积极开展纵横码的推广工作，为在全市范围内推广纵横码起到了至关重要的作用。（图34、图35）

图34▲李竹君老师主持纵横码推广活动

图35▲李竹君老师（右一）在全国纵横码推广大会上领奖

自 1993 年推广纵横码开始,我们的教师队伍中有一批像赵旭、李竹君那样的电脑教师,他们勤勤恳恳,悉心指导学生学习纵横码。例如,严效栋老师,坚持在小学教育阶段培养学生学习纵横码的兴趣与习惯,使他们进入中学后仍然能够坚持该技能的学习;陈忠老师在苏州市五中担任电脑教师时就热衷于纵横码的推广,有工作随叫随到,在调入立达中学后,依然在历次全市纵横码教育活动中积极发挥作用;宋百明老师,在南环中学培养了一批批学生,退休后仍是"招之即来,来之即战"。(图36—图 38)

图 36 ◀严效栋老师

图 37 ▲ 陈忠老师

图 38 ◄ 宋百明老师

❷ 组成一个优秀而精干的团队

现在尽管各学校的老一辈电脑教师大多已经退休,但是新的年轻电脑教师不断涌现,他们学习推广纵横码的积极性都很高。例如,景范中学的陈静、戈宇老师,平江中学的范勇老师,星港学校的沙洁、徐杨玭、王梦怡老师,南环中学的汪伟华老师,园区第二实验小学的刘海武老师等。他们在各自的学校推广纵横码,兢兢业业、成绩斐然。(图39—图46)

图39 ▲陈静老师

图40 ▲戈宇老师

图 41 ▲ 范勇老师

图 42 ▲ 沙洁老师

图 43 ▲ 徐杨玼老师

图 44 ▲ 王梦怡老师

图45 ▲ 汪伟华老师

图46 ▲ 刘海武老师

特别值得一提的是，苏州市教育科学研究院的信息技术教研员席菁老师也加入我们这支队伍中，为纵横码推广应用工作继续提供组织、培训等方面的支持。（图47、图48）

图47▲席菁老师在布置推广纵横码工作

图48▲席菁老师在苏州市2019年纵横码键盘操作赛现场

可以说正是有了这样一个优秀的团队，苏州纵横码的推广工作才能朝气蓬勃地不断开展下去。

3 开展一系列丰富多彩的活动

开展丰富多彩的活动是苏州电脑教学基金会在苏州推广纵横码的重要举措,是使纵横码永葆生机、经久不衰的重要手段。在30年的纵横码推广应用历程中,苏州电脑教学基金会举办和开展了大量的实践活动。纵横码在全国推广应用活动中的多个"第一"和"首次",可以说明苏州电脑教学基金会所取得的成绩。

(1)1993年10月苏州电脑教学基金会委托苏州大学举办了第一期纵横汉字输入法师资培训班,把纵横研究所研发的第一批成果交给苏州的学校学习、应用,这是全国首期纵横码的培训班。参加这次培训的学校近20所,共有20多名电脑教师接受了培训。(图49、图50)

图49▲苏州大学举行的纵横码教学经验交流会

图50▲纵横码苏州教师培训班

（2）1994年9月25日，苏州电脑教学基金会在苏州市第六中学举办了第一届中小学生纵横汉字输入大奖赛，这是首次纵横汉字输入的大赛。此后苏州每两年举办一次纵横汉字输入大奖赛，共举行了9次，其中，周忠继先生率领香港苏浙沪同乡会代表团参观考察三次，勉励苏州"上水平，赶一流"。每次比赛后，市教育科学研究院都为获奖同学颁发证书。每年，苏州市教育科学研究院还会举办一次初一年级学生参加的"纵横杯"键盘操作比赛。（图51—图54）

图51 ▲周忠继先生在苏州首届纵横汉字输入大奖赛上讲话

图52 ▲苏州市第八届纵横汉字输入大奖赛

3 开展一系列丰富多彩的活动

图53▲苏州市首届"纵横杯"键盘操作比赛颁奖仪式

图54▲苏州市区第十一届"纵横杯"键盘操作比赛现场

（3）1995年5月9日，周忠继先生到景范中学考察纵横码教学情况，并组织校长和电脑教师召开座谈会。这是周忠继先生首次在苏州召开关于纵横码的座谈会，他在会上充分听取了大家对纵横码推广工作的意见，以及对软件优化的建议。会上，老师们提出出版纵横码字典、开发纵横码的手机应用软件等建议，现在都实现了。类似的座谈会先后召开了6次。（图55、图56）

图55 ▲ 周忠继先生参加校长和电脑教师座谈会

图56 ▲ 纵横码字典和纵横码手机应用软件

（4）1995年6月4日，苏州市教育委员会下发《关于推广纵横汉字输入法的通知》（苏教计〔1995〕56号）文件，可以说这是全国首份以政府部门名义发布的学习推广纵横码的文件。（图57、图58）

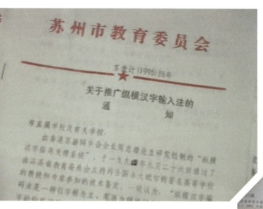

图57▲苏州市教委关于推广纵横码的文件

图58▲苏州电脑教学基金会推广纵横码的期刊

（5）1995年11月14日，苏州市组织参与了"江苏省中学生纵横汉字输入大奖赛"，派出的参赛代表队获得团体一等奖，景范中学张忆同学获得个人特等奖。这是苏州市在全省范围内推广纵横码后创造的第一个好成绩。（图59、图60）

图59▲周忠继先生（左）为张忆同学（中）颁奖

图60▲周忠继先生（右）和张忆同学（左）合影

（6）1996年7月13日，苏州电脑教学基金会举办了苏州第一届纵横码夏令营，以后每年举办一次，共举办了14次。还多次接待香港苏浙同乡会（后更名为香港苏浙沪同乡会）下属学校的夏令营团队。（图61、图62）

图61 ▲苏州市第十三届纵横码夏令营

图62 ▲香港师生来苏州景范中学开展夏令营活动

（7）苏州电脑教学基金会及师生在推广、学习纵横码的实践中，十分注重经验的总结。据不完整统计，自1996年以来，苏州电脑教学基金会及苏州市各校师生先后在全国各地，尤其是苏州大学举办的纵横码教育理论研讨会上，发表论文92篇，在全国其他有关科研活动中，发表论文27篇，获得了各类奖励，得到了相关领域专家的赞扬和鼓励。

这些论文对苏州电脑教学基金会在苏州广泛、深入、持久地推广纵横码起到了积极的促进作用。苏州电脑教学基金会董事长葛晋德先生很早就在其撰写的《试论苏州在推广纵横码中的网络效应》一文中提出了组织苏州广大师生学习推广纵横码的指导思想，使苏州的纵横码推广工作开展得如火如荼。市教育科学研究院李竹君的论文《精心的组织、扎实的措施是推广纵横码的重要保证》概括了苏州市教育科学研究院为组织教师系统学习推广纵横码所做的工作。早在1996年苏州许多老师就对纵横码的教材和教法进行研究并撰写论文，例如，赵旭老师撰写论文《纵横汉字输入教学方法》、胡建军老师撰写论文《纵横码教学的诀窍》、陈忠老师撰写论文《普通中学纵横码的教学和推广》等，为后续推广纵横码的老师提供了教学经验。老师们还对纵横码的实际应用也进行了研究，例如，李竹君老师于1996年在其撰写的论文《冲出春秋战国纵横世外桃源》中就提出了"不久可能会出现需要输入汉字的电话，纵横汉字编码以其独特的优势将大显身手"的预言。（图63—图66）

图63 ▲2018年全国纵横码学术研讨会颁发的部分奖状

图64▲周忠继先生（中）和全国纵横码论文一等奖获得者赵旭老师（左）合影

图65▲2018年苏州十多位老师参加苏州大学举办的纵横信息教学研讨会

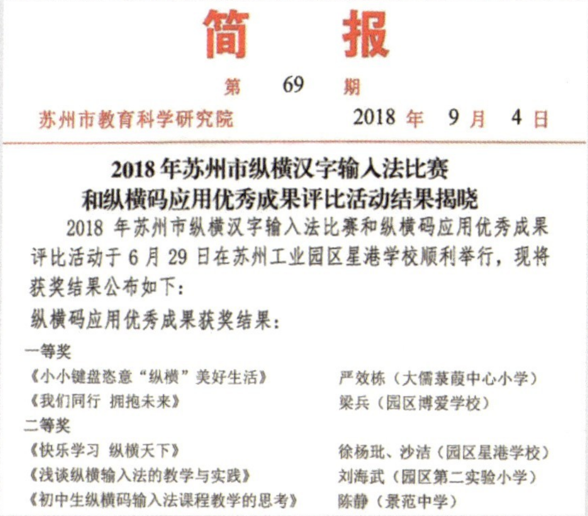

简　报

第　69　期

苏州市教育科学研究院　　　　2018 年　9 月　4 日

2018 年苏州市纵横汉字输入法比赛
和纵横码应用优秀成果评比活动结果揭晓

2018 年苏州市纵横汉字输入法比赛和纵横码应用优秀成果评比活动于 6 月 29 日在苏州工业园区星港学校顺利举行，现将获奖结果公布如下：

纵横码应用优秀成果获奖结果：

一等奖

《小小键盘恣意“纵横”美好生活》	严效栋（大儒蒹葭中心小学）
《我们同行　拥抱未来》	梁兵（园区博爱学校）

二等奖

《快乐学习　纵横天下》	徐杨玭、沙洁（园区星港学校）
《浅谈纵横输入法的教学与实践》	刘海武（园区第二实验小学）
《初中生纵横码输入法课程教学的思考》	陈静（景范中学）

图 66▲活动简报

（8）1996 年 7 月 29 日，苏州市“双考”办公室批准在常设考场的计算机上安装纵横输入法软件，首次允许使用纵横码进行计算机能力考试，这也是全国首例。许多学习了纵横码的同学，非常轻松地通过了能力考试。（图 67、图 68）

图67 ▲纵横码大赛优秀选手童彬同学轻松通过能力考试

图68 ▲通过能力考试的田意颖（左）同学，曾是省纵横码大赛一等奖获得者

（9）1998年4月6日，苏州市第三中学教师吴梦琴将纵横码的四句口诀填词、谱曲成《大家来学纵横码》的歌曲，这是全国第一首关于学习纵横码的歌曲，之后在全国的纵横码使用者中广泛流传。（图69—图71）

图69 ▲吴梦琴老师在纵横沙龙上发言

图70 ▲苏州学生在演唱《大家来学纵横码》

大家来学纵横码

1=G 2/4

苏州市三中 吴梦琴 词曲

0 3 4 5 3 4 | 5 3 2 1 | 0 6 7 i 6 7 | i 6 5 4 |

0 7 i 2 7 i | 2 7 6 5 | i - | i - | 3 5 5 0 |
　　　　　　　　　　　　　　　　　　　纵横码，

5 i i 0 | 2. 3 2 i | 2 6 5 0 | 6. 6 i 2 | i 6 5 6 |
顶呱呱， 易 学 好用的编码法。它 用数字 表字型呀，

5. 6 5 4 | 3 2 5 | 3 5 5 0 | 5 i i 0 | 2. 3 2 i |
编 码 口诀 记心上："一横二竖 三点捺， 叉 四插五*
　　　　　　　　　　　　　　　　　　　（念白）

2 6 5 0 | 6. 6 i 2 | i 6 5 6 | 5. 6 5 3 | 2 3 i |
方块六， 七 角 八八 九是小， 撇 与 左勾 都是零。"

3. 3 4 3 | 2 i 2 | 2. 2 2 3 | 2 3 5 | 3 5 5 0 |
编 码 口诀 作用大，学 用 它要 背熟它，纵横码，

5 i i 0 | 2. 3 2 i | 2 0 5 0 | i (3 2 | i 0) ‖
顶呱呱， 我 们 都来 学　习 　 它！

图71 ▲《大家来学纵横码》歌谱

＊注："叉"和"插"指纵横码的笔形类型，"叉"
指一横一竖的交叉，"插"指两横一竖的交叉。

（10）1999年8月以后，苏州市公安局在苏州大学协助下，先后举办了三期纵横码培训班，积极在民警中推广纵横码。2000年5月，周忠继先生率领香港苏浙沪同乡会一行，到苏州市公安局观看民警学习使用纵横码，并向苏州市公安局赠送了友谊长存纪念杯。（图72、图73）

图72◀周忠继先生（左）、苏浙沪同乡会会长周伯英（中）和苏州市公安局原局长邵斌华（右）合影

图73▶周忠继先生看望学习使用纵横码的民警

图74 ◀ 赵建熙校长接待香港纵横码教学交流团

（11）2000年7月28日，江苏省苏州幼儿师范学校校长赵建熙接受周忠继先生的邀请，率学生汤逸倩和金英赴香港与苏浙沪同乡会下属学校师生进行纵横码教学交流，并进行纵横汉字输入法现场演示。这也是内地学生与香港学生关于纵横输入法的首次交流。（图74、图75）

图75 ▲汤逸倩（左）和金英（右）参加苏州集训

（12）1999年4月，苏州市纵横码代表团一行24人赴宁波学习交流。团长为苏州市教育委员会副主任、电脑教学基金会副董事长谷公胜，副团长为中共市委统战部副部长、苏州海外联谊会副会长谢建红。苏州大学纵横研究所杨季文、吕强同行。在宁波期间，苏州学生与宁波九中、宁波市职业技术教育中心学校的学生进行了纵横码学习经验的交流。双方校长、老师还举行了座谈会。（图76）

图76▲苏州代表团赴宁波进行纵横码交流活动

（13）2002年10月，苏州市代表队应邀参加宁波举行的CKC（Computer Knowledge for Chinese）杯华东地区纵横码输入法大赛。苏州市两个代表队参加，领队为苏州市教育委员会副主任、苏州电脑教学基金会副董事长谷公胜及秘书长孙运康、教师赵旭。苏州市代表队队员获个人特等奖1项、一等奖2项、三等奖3项。两个代表队均获团体一等奖（第1、2名）。（图77—图79）

图77▲周忠继先生（后排左六）和苏州代表队队员合影

图78 ▲苏州代表队荣获四个团体奖中的三个奖项

图79 ▲周忠继先生（中）为获个人特等奖的苏州选手汤逸倩（右）颁奖

（14）2003年1月22日，苏州电视台文化生活频道开始在其《苏州教育》栏目（每天18:00—18:30）播放纵横码2002版的教学内容，连续播放两个月。这是全国地市级电视台首次播放纵横码的教学内容。

（15）2005年开始组织下岗工人、老年人学习纵横码。2010年开始，苏州市姑苏区老年大学免费举办老年人纵横码学习班，老年朋友踊跃报名参加，学习后好评如潮，纵横码让老年朋友跨进了电脑和互联网的世界。（图80—图84）

图80 ▲苏州市姑苏区老年大学纵横码学习班

图81 ▲姑苏区老年大学常务副校长傅小苏(左)、原校长沈建中(右)欢迎周忠继先生

图82 ▲周忠继先生访问纵横码学习班

图83 ▲学员向姑苏区老年大学赠送"纵横圆我梦"锦旗

图84 ▲周忠继先生（后排右三）和女儿（后排右四）参加姑苏区老年大学纵横码学习班结业仪式

（16）2006年10月，苏州市第三中学在周忠继先生捐资助建的纵横楼内设立"纵横码展示馆"，用翔实的资料和实物展示周忠继先生捐资建立电脑教室和推进苏州电脑教育的义举，以及苏州电脑教学基金会在本地推广纵横码的历程。国学大师饶宗颐专门为苏州市第三中学纵横楼题字。（图85—图87）

图85 ▲纵横楼落成暨纵横码展示馆开馆仪式

图86 ▶纵横码展示馆

图87 ▲国学大师饶宗颐为苏州三中纵横楼题字

（17）2008年开始,苏州工业园区博爱学校(以下简称"博爱学校")在特殊儿童中开展纵横码教学,取得了很好的成效,为特殊儿童学习纵横码开了先河。

博爱学校在开展特殊儿童教育的过程中探索以纵横信息技术为基础的特殊教育与普通教育融合发展的教学方法,在教学组织、教学课程、教学内容、教学方法上做了大胆尝试,以纵横汉字输入法与小键盘相结合的方式,解决了脑瘫儿童因肢体痉挛而导致的书写操作困难,提高脑瘫儿童的手眼协调能力。通过纵横游戏进行互动教学,提升学生的"四项技能",提高了特殊儿童的感知能力、思维能力、想象力和创造力,显著提高了其专注力及内隐学习能力,使特殊儿童与健康儿童一样,享有接受信息化教育的权利。(图88—图93)

图88 ▲ 周忠继先生（左一）、周薇青女士（左二）和梁兵校长（左三）的合影

图89 ▶ 博爱学校对特殊儿童使用独特的教学方法

图90 ▲ 博爱学校为张家港特殊学校传授纵横码教学方法

图91 ▲ 博爱学校学前"纵横三段法"课程

图92 ▲博爱学校学生参加北京纵横信息数字化教学交流

图93 ▲香港·苏州纵横信息技术资源中心成立

❸ 开展一系列丰富多彩的活动

（18）2015年5月，苏州电脑教学基金会与苏州市中文信息学会合作举办第一届"纵横沙龙"，热心纵横码科研、学习和推广应用的各界人士欢聚一堂，在活动中大家了解了纵横码的新成果，汲取

图94 ▲纵横沙龙对联

了学习和应用纵横码的新经验，加深了友谊，共同促进纵横码事业的发展。至今"纵横沙龙"已经举办了5届。（图94—图99）

图95 ▲苏州市首届纵横沙龙

图 96 ▲苏州市第二届纵横沙龙

图 97 ▲苏州市第三届纵横沙龙

图 98 ▲ 苏州市第四届纵横沙龙

图 99 ▲ 苏州市第五届纵横沙龙

图 100 ▲苏州教育博物馆

（19）2017年11月，苏州教育博物馆收藏了周忠继先生于1991年为建议苏州市人民政府、苏州海外联谊会成立苏州电脑教学基金会而给苏州市市长章新胜写的信，以及周忠继先生捐出的第一批电脑中的一台。它们被永远保存，供人参观。（图100、图101）

图101 ▲部分资料展示在苏州教育博物馆

（20）2006年开始，苏州电脑教学基金会以推广纵横码的青年教师为主体，组成了微视频制作小组。至今已制作《纵横天下——纵横码史迹展示馆》《纵横沙龙》《纵横码在苏州》《高歌纵横》《纵横码给我的工作插上翅膀》《纵横码与老年教育》等微视频。（图102、图103）

图102 ▲《纵横天下——纵横码史迹展示馆》微视频

30年来,苏州电脑教学基金会在推广纵横码的历程中做了大量工作,仅这20项"第一"和"首次",就足以反映这些工作的广度和深度,反映了苏州推广应用纵横码的力度之大,活动之丰富。

图103 ▲《纵横码在苏州》系列微视频

4 取得丰硕傲人的阶段性成果

2018年，根据葛晋德先生的文案，苏州电脑教学基金会制作的《纵横码洒满快乐》微视频，作为参赛作品参加在北京举办的全国纵横汉字输入大奖赛。该作品在北京的大奖赛颁奖大会上作为首份获奖作品播放，形象地向大家全面展示了苏州推广应用纵横码的成绩，受到了与会者的广泛好评。（图104、图105）

图 104 ▲《纵横码洒满快乐》微视频

图 105 ▲ 颁奖大会上播放《纵横码洒满快乐》微视频

从纵横汉字输入大奖赛的获奖情况来看，在历次全国赛事中，苏州代表队先后获得冠军2个，亚军1个，特等奖5人，一等奖20人，二等奖12人，三等奖10人，1人在大会上发言，2个微视频

图106 ▲颁奖后周忠继先生（左三）和苏州代表合影

图107 ▲颁奖后周伟伟先生（右五）和苏州代表队合影

在大会上播放。先后参加江苏省比赛的97名同学，人人都捧回了奖状。可见老师及同学精神可嘉，成绩傲人。（图106—图109）

图108 ▲周伟伟先生（右）和庄荣辉先生（左）亲切握手

图109 ▲1997年江苏省纵横汉字输入大奖赛苏州代表队领奖后合影

对于苏州代表队而言，在比赛中获奖是一种荣誉，更是一种鞭策，比赛不是目的，通过比赛推广纵横码，促进一代代青少年的成长、特殊儿童的自强自立，让退休老人安享美好时光才是目的。

在法院工作的书记员韦婷婷，在苏州景范中学读书的时候，曾学习纵横码汉字输入法，学习的过程培养了她不怕困难的性格和良好的心理素质。她在全国、省、市的纵横汉字输入大奖赛上都取得了优异的成绩。后来成为苏州市中级人民法院的一名书记员，她的打字速度特别快。2015年参加苏州市法院书记员业务技能竞赛（其中一项是比打字速度），荣获第一的好成绩。她还获得苏州技能大奖、全市法院书记员业务标兵、苏州市五一劳动奖章等殊荣。韦婷婷说："我要感谢纵横码，因为纵横码给我的理想插上了翅膀！"（图110、图111）

图110▲韦婷婷参加全国纵横汉字输入大奖赛

图111▲在法院工作的韦婷婷

❹ 取得丰硕傲人的阶段性成果

图 112 ▲周忠继先生（左）与参加全国纵横汉字输入大奖赛的刘蓓贝（右）合影

重症脑瘫儿童刘蓓贝，在博爱学校借助纵横汉字输入法完成了幼儿园、小学的基础教育。纵横数字信息化训练的过程培养了她拼搏和奋斗的精神。刘蓓贝不仅在全国纵横汉字输入大奖赛中获得佳绩，还考入了高中，并以优异的成绩考上了苏州大学，实践了霍金的名言："残疾不应该成为获得成功的阻碍"。（图112、图113）

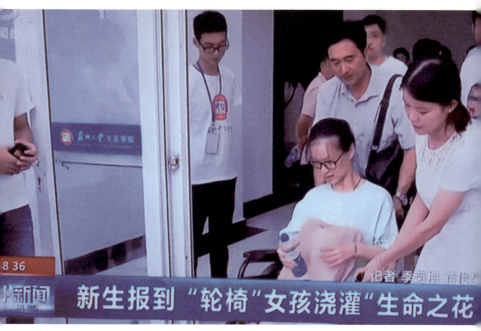

图113 ▲苏州电视台报道了刘蓓贝去苏州大学报到的新闻

刘勇也是博爱学校的脑瘫儿童，纵横信息化训练让他克服因肢体障碍导致的书写学习困难，使他回到普通学校学习并以优异的成绩获得江苏省"自强不息好少年"称号。目前，他已经在博爱学校就

图114 ▲刘勇获省"自强不息好少年"称号

业5年并成为博爱学校信息技术教师，为纵横信息技术推广贡献力量，帮助更多脑瘫儿童实现回归社会的愿望，也帮助他们实现人生价值。（图114、图115）

图115▲刘勇在家长纵横码培训班授课

退休老人恽定甫，86岁才学习纵横码。后来开通了名为"老红枫"的微博，先后发布微博4万多条，用纵横码输入了几百万字的文章。今年恽老已93岁，他还会用纵横码在手机上发微信。纵横码使恽老与时俱进。恽老说，纵横码让我的老年人生过得"时光有味，岁月留声"。（图116、图117）

图116 ▲ 苏州电视台报道恽定甫事迹

图117▲"老红枫"微博

纵横码的推广，使纵横码信息技术结出丰硕的果实，使其在社会广大受众中获得好评。更可喜的是，不少学生因学习了纵横码而受益终生；残疾儿童因学习了纵横码，树立了自强自立的信心；退休老人因学习了纵横码而使老年生活更丰富和充实。纵横信息技术为中华文化信息化做出了不可磨灭的贡献。

30年仿佛弹指一挥间，我们感谢科研人员、广大师生的辛勤付出和巨大贡献。我们更感谢周忠继先生对家乡教育事业的倾情奉献，他在电脑教育方面的远见卓识令人敬佩。为使上下五千年中华优秀文化和当代信息化时代相结合，周忠继先生研究发明了纵横码，这是简繁通用、老少咸宜、简便易学、快速高效的"争气码""爱国码""通用码"。此后，周忠继先生又致力于纵横码的推广，无私奉献社会，造福大众，让纵横码的使用者，在中文的世界里自在纵横。

祝纵横码长盛不衰，永放光彩！